UN FRANÇOIS

À TOUS

LES FRANÇOIS.

Par un homme qui a tout perdu à la révolution pour être
resté fidèle à son Roy, qui n'a rien demandé ni reçu
des gouvernemens usurpateurs et intermédiaires, qui ne
reclame rien que son légitime Souverain, pour sa propre
satisfaction et plus encore, sans égoisme, pour le bonheur et la tranquillité de son pays et du reste de l'Europe ;
qui ne se nomme pas , parcequ'il a des parens honnêtes
que les griffes du despote pourroient encore
atteindre.

26. Mars , an de grace et de rédemption de la
France 1814 nouveau style.

Après plus de 23. ans de convulsions politiques, morales et physiques ; quel seroit le François qui pourroit nier, ou chercher à se déguiser à lui même, qu'il etoit heureux sous l'Empire des lys ? On parloit d'abus, quelques frondeurs crioient ; et quel est l'Etat, même le plus petit, où il ne s'en glisse pas ? heureux les sujets dont le Souverain est assez clair - voyant, pour les apercevoir, et doué, d'un caractère assez ferme, ou assez bien entouré, pour les élaguer. — Tous les états sont gouvernés par des hommes, et le plus juste de ces hommes, est celui qui faute le moins souvent. — Cependant le tems etoit arrivé où le Souverain, dans sa bonté et sa justice, guidé par l' amour du bien et à l'aide de ce qui devoit former l'élite de la nation, vouloit les réformer et adopter les moyens les

plus efficaces pour en empecher le retour.
Malheureusement une partie de cette élite,
choisie par l'Intrigue et la corruption, ne
l'étoit pas en vertus... O! cruelle anarchie,
fatale licence, auxqu'elles une poignée de
factieux donnèrent le nom de liberté, dont
l'éxistance sans l'appui des lois civiles et poli-
ques, est aussi imposible que la chimérique
égalité absolue, dont ils se servirent pour
égarer la multitude; principes de discordes,
de vols, de pillages, d'incendies, de meur-
tres, de parjures, de chisme, et de tyrannie.
Rappelez-vous, ou relisez, s'il en est échappé
aux inquisiteurs et aux auto-da-fés, ces ad-
resses, ces réflexions, ces réfutations anti-
révolutionaires, imprimées et répendues en
1789-1790-91 et 92 par les S. les G. et quelques autres hommes probes et prévoyans;
vous y trouverez sommairement, la prédict-
ion des maux qui vous ont accablé, depuis tant
d'années: — vous y trouverez les conseils sa-

lutaires qu'ils vous donnoient pour les éviter;
ils vous disoient, entre autres; que la cause
des Bourbons étoit vôtre propre cause,
la cause de tous les Souverains et de
tous les peuples, les suites l'ont prouvé,
qu'à l'anarchie succède ordinairement le
regne de la verge de fer ou la tyrannie la
plus insuportable . . . 23 ans de malheurs
vous en ont convaincu. — Les illuminés
de toutes les nations qui cherchèrent à contre-
balancer ces verités par des raisonemens spécieux, sont confondus avec leurs prosélytes.
Beaucoup, abandonnant ou tombant du haut
de leur récente grandeur, vont se cacher dans
l'obscurité... mais laissons derrière nous toutes ces erreurs et leurs tristes résultats.

C'est un de ces hommes, de ces bons et
vrais François qui vous parle de nouveau en
frere. — Oui, il est arrivé le dernier instant
où tout françois qui, pour se conserver à sa
femme, à ses enfans, à ses parens, et sauver

sa propriété, a gémi en silence de puis tant d'années, doit se prononcer; il le doit à son Souverain légitime, à sa patrie, à lui même et aux augustes alliés qui viennent le sauver; deja toute crainte, tout prétexte, s'il peut en éxister encore, doivent s'évanouir. Vos personnes et vos biens sont provisoirement protégés et sous la Sauve - garde des généreux Souverains, nouveaux méssies, envoyés du ciel pour sauver la France de sa ruine et de sa dépopulation totale. — Apelez, jettez vous dans les bras de la dynastie des Bourbons qui, oubliant le passé, ne voit dans ses sujets que des enfans chéris que la divine providance rend à ses voeux, après l'éxpiation de leur fautes, et ne s'occupe que des moyens de les faire jouir à l'avenir, du bonheur d'un gouvernement paternel digne d'un coeur françois. — Deja *plus de tyrannie, plus de guerre, plus de conscription, plus de droits - réunis!* sont les avant-coureurs des bienfaits du vrai pere de la patrie, le fondement de la félicité publique. — Ces promesses jointes á la confirmation de la vente des domaines nationaux et autres, et à l'assurance d'en laisser les acquéreurs en paisible possession sont une loi d'or, *lex aurea. salus populi suprema lex esto...* cette loi se trouve-t-elle dans le code Napoléon? Napoléon l'-at-il observé? Napoléon la connoit-il? Sa loi suprême, n'est-elle pas celle d'un étranger, dont le coeur non naturalisé, sacrifie la France à son ambition?... François! rester plus longtems derrière le rideau seroit une lacheté, un suicide; déchirez le voile, il est tems, laissez tomber le masque, que l'univers reconnoisse l'ancien, le vrai françois, levez la tête, déclarez et prouvez que vous êtes fidèles à Dieu à vôtre Roy légitime, à vôtre patrie gémissante, c'est une trinité sacrée pour le sujet fidéle, c'est elle qui constitue l'honneur françois.... Les Bourbons sont là pour faire vôtre bonheur de concert,

n'en douter pas , avec les généreux Souverains alliés, qui sans vous appliquer la loi du
talion, et rejetant toute idée de conquéte, si ce
n'est celle de la paix et du bonheur du monde,
cessent, pour ainsi - dire, d'ètre étranger sur
vôtre terre natale; pour y faire admirer leur
vertus et se faire adorer par leurs bienfaits.
Jettez vous avec confiance dans leurs bras.
Leur principe fondé sur la justice la plus ex-
acte, est de rendre à chacun ceque lui appar-
tien: craignez que , faute de vous prononcer à tems et d'arborer la cocarde blanche
il se voyent forcé , pour en finir , de
traiter avec les dignitaires , le Senat etc.
enfin avec les créatures de Napoléon, avec
ces hommes, entre lesquels il se trouvent encore des anciens factieux, des jacobins, des apo-
stats et qui s'ils en ont le pouvoir ou la liberté,
capituleront; non pour vos anciens maitres,
ni pour vôtre plus grand bien , mais pour
conserver leurs charges , leurs dignités et

augmenter leur influence sous un nouveau gouvernement. — rappelez aussi le reste de vos
enfans que Napoléon, après avoir attiré sur
sa tête l'orage universelle, a rassemblé autour
de lui et sacrifie journellement, non à la défense et au salut de leur patrie, (il n'ignore
pas, il voudroit vous cacher que les souverains alliés offrent l'olivier de la paix et le
bonheur au peuple françois) mais à la défense
de la couronne qu'il a posé, lui même, sur
sa tête; voulant la tenir de lui seul et non
du dieu qu'il a outragé et renié, comme un
second Judas, en Egypte... eh! pourquoi?
abusant de vôtre courage, de vôtre auda-
cieuse soumission, a - t - il inutilement et au
prix de nombre de torrents de sang françois, insulté, subjugué, humilié, tour à tour,
toutes les puissances de l'Europe? pourquoi?
a - t - il été réveiller l'ours de la Russie et défier
cet Empire colossal jusque dans Moscou, au
prix de la plus belle armée du monde? et s'il

eut réussi à reculer la frontière de l'émpire du nord et à le réduire momentanément au silence et à l'inaction, les autres puissances, ses propres alliées n'auroient elles pas eu leur tour? auroit - il ménagé son auguste beau-pere? enfin s'il eut éffectué son projet de soumettre toute l'Europe au glaive de sa tyrannie, et de la rendre tributère de sa couronne, la France dépeuplée, ruinée, par ces folles conquêtes, auroit - elle pû être heureuse?... les divisions, les convulsions politiques qui suivent, tôt ou tard, les insultes et le joug insuportable d'un étranger, enfin le fluide politique, qui cherche constamment son niveau, auroient - ils laissé la France réspirer en paix? non... ses malheurs auroient été plus durables et plus grands encore que l'ambition de son chef. — Jettez vous donc, je le répète, dans les bras de vos libérateurs, que vive le Roy en soit le signal; c'est ce cri de raliement qu'il faut prononcer avec transport, pour me-

tre fin à la resistance impuissante de Bonaparte
à l'effusion du sang et aux malheurs insépa-
rables de la guerre et de la multitude armée
quoique la mieux disciplinée ... ce cri sera
désormais, pour la France, une source abon-
dante de sureté, de protéction, de tranquillité
et de bonheur, dont les eaux salutaires arose-
ront et vivifieront de nouveau nôtre agonisante
patrie... ce cri, le cocarde blanche, et le
lys éblouissant, feront, sur le petit nombre des
Napoléonistes et des créatures de Bonaparte,
qui contribuent à sacrifier leur propre patrie
à l'ambition et à l'égoisme de ce Corse par-
venu, dont le premier fait d'armes, à - été de
faire tirer sur le peuple à Paris, l'éffet qu'opé-
rait, jadis, la tête de médus sur ceux qui
osoient la regarder... que ce cri sacré ne soit
souillé par aucun crime, par aucun excès,
que ces nouveaux grands, ces avaricieux
caméléons, instruments de l'ambition du premier d'entre eux, qui regorgent des riches

dépouilles des nations étrangères, même des propres alliés de leur maître et de ses bienfaits, que vous payé si cher; semblable au vaisseau désemparé, devenu le jouet des flots d'une mer agitée, soient livrés à eux-mêmes, et libres de chercher un réduit, où ils puissent cacher leurs exactions et leur honte... que cette auguste Princesse et son royal enfant, soient sous la sauve-garde de la loyauté, de l'honneur françois, de la sollicitude et du réspect filial de la France toute entière; n'oubliez pas que cette bonne, cette adorable Princesse a été accordée à la France, comme un gage de paix et de bonheur universel... éspoir bien trompé!... ni l'amour, ni les soins dûs à cette auguste épouse, ni ceux que la paternité reclame et dont les tendres sentimens auroient dû s'etendre sur tous les sujets de l'émpire, n'ont pû, ni étancher la soif du sang, ni diminuer l'insaciable ambition, ni calmer la rage des conquètes de son époux. — réspectez toutes les têtes couronnées, elles sont sacrées, la religion, la morale, l'honneur, l'ordonnent : elles sont l'image du dieu bon, comme du dieu tonnant sur la terre. Des châtimens inouis, vous le savez, sont réservés par le ciel, aux crimes de lèse-majesté au premier chef. Abandonnez Bonaparte, cet instrument de la vengeance divine, dont le terme approche, à la disposition de la providence et des puissances alliées ou qu'il quitte sans obstacles cette atmosphère, qu'il a si souvent couvert de sombres nuages, images du voile de la mort et de deuil universel, comme l'étoile qui file et disparoit à vos yeux, sans vous embarasser du lieu où elle va se cacher. — Alors la tranquillité, la confiance et le bonheur renaîtront pour toujours parmi vous, bienfait, que vous n'eussiez jamais pû éspérer sous le règne de Napoléon : son ésprit naturellement remuant, son ambition, sa fierté humiliée, sa rancune et toutes les pas-

sions opposées au bien public, qui le domi-
nent, ne lui permettroient jamais d'observer
aucune stipulation qui auroit pour objet une
paix et une tranquillité prolongées. Les res-
sources de son mauvais génie lui fourniroient
bientôt des prétextes spécieux pour porter
de nouveau la guerre et le flambeau de la dis-
corde chez ses voisins, particulièrement dans
ces petits états séparés souvent désunis et si
faciles à envahir. — Bonaparte devenu
puissant, est devenu le fléau de la France
et du reste de l'Europe, il ne cesseroit de
l'être s'il en conservoit le pouvoir, ou dès
qu'il pourroit le resaisir. — Ecoutez !
écoutez ! alors tous les efforts, tous les sacri-
fices, tout le sang des sujets des généreuses
puissances alliées et de vos enfans, ne servi-
roient qu'à alimenter, en secrèt, pendant
un certain tems, la rage du lion qui ne cesseroit d'épier, et saisiroit avec avidité le
moment de sa vengeance. — écoutez !

écoutez! Napoléon a toujours un oeil fixe
sur l'histoire de son règne, il ne souffriroit
pas que sa carrière militaire s'y trouve ter-
minée par ces termes... Napoléon vaincu
a été forcé et réduit au repos, qui a fait le
bonheur du monde. — *Vaincu!... forcé!...*
à ces mots son féroce courage s'enflameroit,
il ne se posséderoit plus et jurant mille fois,
de venger ces insultes personelles à tel prix
que ce soit, même en sacrifiant la France entière, dont il seroit resté le tyran, il voudroit
que son histoire finisse par des victoires et des
envahissements .. prévenez donc tous ces malheurs, que les airs retentissent, et que les
échos repètent ces mots si chers d'amour et
de reconnoissance, vive le Roy! vivent les
Bourbons! vivent les Souverains alliés!
nos augustes libérateurs, sinon craignez,
je vous le répète, une nouvelle punition
du ciel qui vous replongeroit dans un
océan de maux d'une nature accablante et

d'une durée incalculable... car, n'en doutez pas, Napoléon, comme le plus méchant entre tous les méchans, est la verge dont la divine providence s'est servi, dans sa juste colère, pour vous punir de vos erreurs, pour chatier le monde, et lui laisser un exemple terrible de sa vengeance... vive le Roy!